CARA DE CAVALO

CARA DE CAVALO

PEDRO KOSOVSKI

com a colaboração de Marco André Nunes e Aquela Cia. de Teatro

Cobogó

Sumário

Cara de Cavalo: memórias de infância de um mito marginal,
por Marco André Nunes **7**

Cara de Cavalo e as faces da ficção,
por Manuel Silvestre Friques **11**

CARA DE CAVALO **15**

Cara de Cavalo: memórias de infância de um mito marginal

Conversava com Pedro sobre o desejo de direcionar a pesquisa da Aquela Cia. para o Brasil e, especificamente, de falar sobre o Rio de Janeiro. Era minha vontade que nos aproximássemos de nossa realidade após termos passado por autores canônicos da literatura internacional e recentemente mergulhado na obra do inglês David Bowie. "Seria ótimo falar sobre um personagem carioca. Muito carioca, do morro. Isso, podemos falar sobre alguém de fora do sistema. Contracultura. Contra tudo. Marginal: Escadinha ou Marcinho. Não, isso não, melhor algo do tempo do bandido romântico, algo do passado. Cara de Cavalo. Cara de Cavalo!" Esse nome me veio à mente como um raio, uma lembrança — eu o conhecia, fazia parte da minha infância.

Esta obra foi construída a partir de uma inspiração muito pessoal. Meu avô era delegado de polícia, e como todo avô carinhoso contava histórias para fazer dormir o neto agitado. História de polícia e de bandido. Romanceava acontecimentos de sua vida, ficcionalizava acontecimentos reais. Tentava me fazer dormir falando de muitos bandidos dos quais não me recordo, mas de Cara de Cavalo nunca esqueci. O nome ajudou. Aquele homem assassinado ainda jovem pelo Esquadrão da Morte ganhava, através da imaginação de meu avô, uma aura de invencibilidade. Meio homem, meio bicho, corria tanto que a polícia nunca conseguia pegá-lo, galopava escapando das armadilhas que lhe eram preparadas. Todas as noites, a meu pedido, o delegado Edmundo inventava uma nova aventura do Cara de Cavalo, que de tão criativa acabava transformando o bandido em herói. Meu avô nunca deu fim à história do marginal. Talvez devido à minha simpatia, deixou-o vivo, a polícia não conseguiu pegá-lo e Cara de Cavalo não foi assassinado.

O espetáculo foi gerado no amálgama desse personagem da minha infância com os acontecimentos reais de 1964, o golpe, o jogo do bicho, o Esquadrão da Morte, a favela do Esqueleto e a Mangueira, Amado Ribeiro, Nelson Rodrigues, Hélio Oiticica, o tropicalismo e um fictício casal que se encontra em Cabo Frio. Ao tratarmos os acontecimentos reais como ficção — partes de um filme de ação — e as cenas inventadas como realidade — partes de um documentário —, de certa forma emulamos os procedimentos de meu avô ao lembrar e inventar histórias: os procedimentos da criação de um mito.

Marco André Nunes

Cara de Cavalo e as faces da ficção

O título do sétimo espetáculo d'Aquela Cia. de Teatro anuncia, sem maiores rodeios, o estímulo propulsor da obra: um exercício fisionômico. Enquadra-se aqui a realidade brasileira de 1964, quando o país estava diante de um tremendo rebuliço histórico cujo catalisador fora a militarização política advinda de um golpe de Estado. Em meio a um regime ditatorial recém-nascido, surge um malandro carioca tão metido a esperto que acaba por se tornar bode expiatório de uma narrativa policial estruturada por disparos bélicos, ficcionais e poéticos advindos de reportagens sensacionalistas, obras de arte e truculência policial.

À primeira vista, tudo soa lógico e natural: um policial, munido da autoridade que lhe cabe e convém, deve perseguir e castigar um criminoso. O fato, no entanto, mascara um curto-circuito institucional: quem ordena ao policial é um bicheiro — o crime de Cara de Cavalo fora cometido contra o poder paralelo de organizações marginais (vale dizer que qualquer semelhança com as milícias atuais não é mera coincidência). A polícia, com isso, quer garantir um tipo de marginalidade — a sua — na qual impera a legalidade duvidosa em uma dobra perversa do desejo de segurança social.

A sorte muda, o fim não é tão previsível quanto parece, e o policial, ao invés de matar, morre. Como explicar o ocorrido sem revelar a verdadeira face da repressão policial? É impossível não recorrer à ficção; por meio desta, a bola de neve se cria e os personagens começam a se mostrar: o jornalista, tal qual um lago contemporâneo, como produtor de lendas sociais e criador de (anti)heróis urbanos; o policial como agente regulador da eficiência do mercado; a prostituta como o corpo domesticado e esculpido ao bel-prazer do poder etc. Em meio à perseguição policial, Cara de Cavalo escapa. Onde ele estaria escondido? Quem seria esse criminoso? Seria ele um real criminoso? É possível reconhecer o seu rosto? Quem é, afinal, Cara de Cavalo?

Cara de Cavalo é a bola de fogo resultante dessa bola de neve. Seu rosto, com isso, é inapreensível, flamejante, cambiante e potente. Ele tem o poder revelador da ficção: detona as ilusões sob as quais se assentam nossas vidas midiatizadas. Seu retrato falado deflagra as falsas fisionomias e instaura novas marginalidades sem, no entanto, recusar a dimensão ficcional. Nesse sentido, o novo trabalho d'Aquela Cia. — tal como todas as produções anteriores do grupo — recusa as faces invariantes das realidades estabelecidas, pois o criador é também criatura e as verdades, ilusórias. E o espetáculo, assim como o mundo, é uma máquina de imagens que deve ser inspecionada e remodelada, tanto ética quanto esteticamente, sem que se perca de vista a necessidade — sempre premente — de indagação sobre os limites do olhar. Pois nem tudo que está escrito vale. E ver não é necessariamente crer. O jogo do bicho aqui é outro.

Manuel Silvestre Friques

CARA DE CAVALO

de PEDRO KOSOVSKI

Cara de Cavalo estreou em setembro de 2012, no Espaço SESC, Rio de Janeiro.

Texto
Pedro Kosovski

Direção
Marco André Nunes

Diretora-Assistente
Laura Araujo

Elenco
ENTREVISTADO: Ricardo Kosovski
ENTREVISTADORA: Raquel Villar
CARA DE CAVALO: Remo Trajano
MANGUEIRINHA: Carolina Chalita
GALO/MARGINAL/ARTISTA: Álvaro Diniz
AMADO/APONTADOR: Oscar Saraiva
CUNHA/LOCUTOR/POLICIAL: Saulo Rodrigues
DOIS MÚSICOS: Felipe Storino e Mauricio Chiari

Cenário e Figurino
Júlio Iceberg

Iluminação
Renato Machado

Direção Musical
Felipe Storino

Direção de Movimento
Marcia Rubin

Adereços
Markoz Vieira

Visagismo
Caren Barraqui

Assessoria de Imprensa
Angela de Almeida

Design Gráfico
Marina Kosovski

Direção de Vídeo
Felipe Bragança

Produção
Carlos Grun

Realização
Aquela Cia. de Teatro

PERSONAGENS

ENTREVISTADO

ENTREVISTADORA

CARA DE CAVALO

MANGUEIRINHA

GALO

APONTADOR

AMADO

CUNHA

MARGINAL

ARTISTA

LOCUTOR

POLICIAL

DOIS MÚSICOS: VIOLÃO E BATERIA

Três planos narrativos.

O primeiro, a trajetória "histórica" de Cara de Cavalo. O segundo, contemporaneamente, os bastidores de uma entrevista. O terceiro, a mesma entrevista editada e finalizada em vídeo.

Em cena, três canteiros preenchidos com materiais orgânicos diferentes (terra, brita, areia) que remetem aos Penetráveis de Hélio Oiticica.

O público entra e vê projetado o bólide Homenagem a Cara de Cavalo, *de Hélio Oiticica.*

VÍDEO I

ENTREVISTADORA: Qual a relação entre arte e violência?

ENTREVISTADO: A violência gera fascínio. É o principal agente da espetacularização da vida. Eu te pergunto: quem é que comanda o discurso da violência? A mídia e a indústria do entretenimento. Vemos um filme violento ou a cobertura da imprensa sobre um caso policial e pensamos: "A realidade é exatamente assim." Mas não é. O discurso da violência se impõe como um realismo espetacular que nos fascina, mas não cria saídas. Vamos esquecer o Cara de Cavalo e vamos falar de agora. Lá nos Estados Unidos, um cara vestido de Coringa invade a pré--estreia do filme *Batman* armado até os dentes e faz uma chacina real! A fantasia explode a tela e mata pessoas de verdade. E quanto a nós, sujeitos comuns, acabamos como vítimas ou espectadores? Como se posicionar artisticamente diante disso?

CENA 1

Música.

Um corpo morto estendido em um canteiro. Em pé, ao lado, Galo exibe sua arma. Em expiação, ao fundo, um homem com o rosto coberto por uma meia veste uma camisa onde está escrito: "marginal". Em um canto, à espreita, Cara de Cavalo arfa. Ao centro, entra Mangueirinha apressada e senta-se.

CENA 2

Cara de Cavalo corre.

MANGUEIRINHA: O que foi?

Cara de Cavalo arfa.

MANGUEIRINHA: Calma. Fica calmo.

Cara de Cavalo arfa.

MANGUEIRINHA: Fala.

CARA DE CAVALO: Tem macaco no cerco. Os homens invadiram o Esqueleto pro justiçamento. Pegaram o otário pra mostrar como é que se faz com ladrão. Amarraram ele no meio da praça e penduraram uma placa escrito "marginal". Um outro tentou reagir e acabou morto.

MANGUEIRINHA: Eu não gosto quando você vira esse animal. Eles vão furar o teu olho.

CARA DE CAVALO: Sonhei com o fim, Mangueirinha. O Esqueleto tá tomado.

MANGUEIRINHA: O que você fez? Quem você passou?

CARA DE CAVALO: Tá maluca, passou tá passado. Eu tomei. Eu tomei de uma velha.

Cara de Cavalo mostra um colar de ouro.

MANGUEIRINHA: Arrisca a pele por ninharia. Teu trabalho não é esse. Você tá marcado no Esqueleto. Otário é você que não põe mais o pé lá.

CARA DE CAVALO: Cadê o cacau?

Mangueirinha se esquiva.

CARA DE CAVALO: Puta, este colar podia ser seu. Mas é meu. Você não é a única. Tem mil na sua frente. Eu não sou seu pai. Não sou seu amante. Sou seu patrão. [*observa*] Três calcinhas no varal. Sua buceta tá limpa. Cadê o cacau?

Cara de Cavalo a pega com violência.

MANGUEIRINHA: Já te falei para não me bater à toa.

Cara de Cavalo a beija. Ele acha o dinheiro, empurra Mangueirinha e acende um baseado.

CARA DE CAVALO: Me ama?

Mangueirinha fuma o baseado.

CARA DE CAVALO: Sou um homem só. Me mexo fácil. E eu gosto. Te encontro mais tarde pra pegar o meu dinheiro no bicho.

Cara de Cavalo sai.

CENA 3

Inspetor Galo diante de Apontador.

APONTADOR: Doutor Amoroso mandou eu falar do malandro que achacou a banca do bicho.

GALO: Alto lá! Estamos na delegacia. Vamos ser discretos. Compreende?

APONTADOR: Desculpe, doutor.

GALO: Descreve o homem: Altura?

APONTADOR: Era alto! Eu queria...

GALO: Gordo, magro?

APONTADOR: Magro! Eu queria dizer que...

GALO: Idade?

APONTADOR: Vinte e poucos. Eu queria dizer que é uma grande honra...

GALO: Branco, preto, pardo?

APONTADOR: Pardo. É uma grande honra estar diante de um mito da polícia. Doutor Luís Galo!

GALO: Muito bem. Obrigado. Vamos aos detalhes específicos. O rosto?

APONTADOR: O rosto?

GALO: O rosto. A caraça do bicho.

APONTADOR: A caraça.

GALO: Sim.

APONTADOR: Não me lembro bem.

GALO: Sem isso como posso achar o homem?

APONTADOR: Tô tentando.

GALO: Tenta mais.

APONTADOR: Foi tudo muito rápido. Não vi o rosto.

GALO: Você tá certo disso?

APONTADOR: Tô. Eu não vi o rosto.

GALO: Quer dizer que o homem te mete o dinheiro e você não lembra do rosto?

APONTADOR: O quê?

GALO: Tô perdendo meu tempo com você. Por que você tá aqui?

APONTADOR: Eu vim porque o Doutor Amoroso... do bicho!

GALO: Cala a boca! Deixa teu puxa-saquismo em casa. Vai colaborar pro retrato falado ou não?

APONTADOR: Sim, senhor...

GALO: Teu chefe tá enrascado. Perdeu dinheiro e ainda por cima tem um funcionário cegueta. Incompetente! Um policial mais desconfiado diria que...

APONTADOR: O quê?

GALO: Que você tá acobertando o cara.

APONTADOR: Que isso, doutor!

GALO: Cúmplice.

APONTADOR: Não, por favor.

GALO: Você sabe como se paga os malfeitos.

APONTADOR: Sei, sim.

Galo ajeita o revólver na cintura.

GALO: Se esforça mais! Ou teu medo pode me fazer imaginar as piores coisas. Vamos mais uma vez.

APONTADOR: Sim.

GALO: Os olhos. Ele tem os olhos grandes?

APONTADOR: Sim. São grandes.

GALO: E os dentes? Também grandões?

APONTADOR: Sim, sim.

GALO: As orelhas, pontudas?

APONTADOR: Pontudas.

GALO: E o nariz? Como é que é a fuça?

APONTADOR: A fuça?

GALO: Uma fuça longa, comprida?

APONTADOR: Isso! É comprida.

GALO: E o cabelo?

APONTADOR: O cabelo? É grosso!

GALO: Grosso como uma crina?

APONTADOR: Como uma crina.

GALO: Tem uma queixada?

APONTADOR: Uma queixada!

GALO: Ele relincha?

APONTADOR: Sim.

GALO: Ele trota?

APONTADOR: Trota.

GALO: A pele é um couro?

APONTADOR: Um couro.

GALO: E os cascos? Usa ferradura?

APONTADOR: Usa!

GALO: Ele é violento?

APONTADOR: Dá coice.

GALO: Cavalo!

APONTADOR: Na cabeça.

CENA 4

Sobre os canteiros, Cara de Cavalo canta. Mangueirinha dança ao seu redor.

CARA DE CAVALO:
>Passo, desconheço, me disfarço e reconheço
>Que essa história era melhor nem começar
>Fodo, como, canto, fumo, roubo, durmo e tanto
>E eu tenho esse Esqueleto pra morar
>
>O que você faz por sua vida?
>O que faz por sua paz?
>Qual o seu medo, seu prazer?
>O que você quer mais?
>Pego vento e vou voando

Pensamento vaga longe
Talvez nem tem razão de ser
E eu tô de cara limpa
(Cara de Cavalo)
Eu tô de cara limpa
(Cara de Cavalo)
Eu tô de cara limpa
(Cara de Cavalo)
Eu tô de cara limpa
(Cara de Cavalo)

Forma-se um grupo de policiais que assiste ao número. Cara de Cavalo subitamente para de cantar e arfa. Inspetor Galo aproxima-se lentamente e empunha a arma na direção de Cara de Cavalo.

Corte.

VÍDEO II

ENTREVISTADORA: Qual a relação entre arte e política?

ENTREVISTADO: Hoje em dia, a política se expressa na arte mais pela forma do que pelo conteúdo. Mas se a gente olha a história da arte, não é bem assim. É fácil observar obras que elegem uma certa causa ou tema como bandeira, assumindo normalmente um tom denuncista ou didático. Um exemplo histórico: o CPC, dos anos 1960, onde uma elite intelectual santificava o pobre, o excluído. Outro caso mais interessante: uma carta de Graciliano Ramos para Portinari. Como se sabe, esses artistas retrataram em suas obras a miséria no Brasil. Nessa carta, Graciliano questiona Portinari e afirma que vive uma séria crise, já que, se não existisse a fome e a pobreza, talvez ele não tivesse força para se tornar artista. Compreende a dimensão do problema?

CENA 5. ENTREVISTA – "Vai encarar?"

Casa de Cabo Frio. Um pequeno set de entrevista montado na casa do Entrevistado. Um tripé com uma câmera e dois assentos (como recurso cênico, quem estiver na frente da câmera poderá ter sua imagem transmitida ao vivo para o telão).

ENTREVISTADO: Fico feliz que esteja aqui. Em te receber.

ENTREVISTADORA: Na sua casa.

Tempo.

ENTREVISTADORA: Eles montaram tudo direitinho.

ENTREVISTADO: Montaram.

ENTREVISTADORA: Por um momento eu achei que essa sua mania...

ENTREVISTADO: Mania?

ENTREVISTADORA: Desculpe. Esse hábito de você nunca... Posso lhe tratar por você?

ENTREVISTADO: É claro, é um prazer.

ENTREVISTADORA: De você não sair de casa. Iria impedir.

ENTREVISTADO: A entrevista! Absolutamente. Eu falei com a produção. Uma das condições era fazer a entrevista aqui em casa. Hoje de manhã eles vieram aqui e montaram tudo.

Tempo.

ENTREVISTADO: Por isso estamos aqui.

Tempo.

ENTREVISTADO: Me agrada muito este *tête-à-tête*.

ENTREVISTADORA: *Cara a Cara*! É o nome do programa.

ENTREVISTADO: Sim.

Tempo.

ENTREVISTADORA: Pronto pro combate?

ENTREVISTADO: O quê?

ENTREVISTADORA: Pronto pra começar?

ENTREVISTADO: Você bebe alguma coisa antes? Uísque ou água?

ENTREVISTADORA: Depois.

ENTREVISTADO: Você não bebe. Eu bebo. [*serve-se*]

ENTREVISTADORA: Vou fazer a cabeça, ok? [*roda a câmera*]

Tempo.

ENTREVISTADORA: [*para a câmera*] O *Cara a Cara* desta semana vai entrevistar uma figura controversa. Protagonista de sua própria história, ele fez história. Sua obra aproxima duas áreas aparentemente separadas: a investigação policial e a crítica de arte. Há anos afastado dos holofotes, ele resolveu encarar o passado e revelar cenas inquietantes para o presente. Avesso a entrevistas, declara-se à margem, mas hoje ele resolveu falar. Não é isso?

Tempo.

ENTREVISTADORA: Vai encarar?

ENTREVISTADO: Vou encarar.

ENTREVISTADORA: [*para a câmera*] Em sua juventude, ele frequentou a barra pesada da cena do crime. Sujou as próprias mãos e fez disso sua matéria artística.

Tempo.

ENTREVISTADORA: Está pronto? Qual a relação entre arte e violência?

ENTREVISTADO: Desculpe, filha.

ENTREVISTADORA: Sim?

ENTREVISTADO: Pode desligar a câmera.

Ela se levanta e desliga.

ENTREVISTADO: Nós combinamos. Com a produção.

ENTREVISTADORA: A produção?

ENTREVISTADO: Que me passariam.

ENTREVISTADORA: Dinheiro?

ENTREVISTADO: O roteiro.

ENTREVISTADORA: A produção combinou isso com você?

ENTREVISTADO: Das perguntas.

ENTREVISTADORA: Produtores: mal sem eles, pior com eles.

ENTREVISTADO: Antes, você pode lê-las para mim?

Tempo.

ENTREVISTADO: No caso de alguma saia justa.

ENTREVISTADORA: Claro, claro.

ENTREVISTADO: Antes de começar, eu quero saber as perguntas.

ENTREVISTADORA: [*para a câmera*] Qual a relação entre arte e violência? O que nos violenta hoje? Marginal ou herói? Quem foi Cara de Cavalo? Qual é o bicho? Quem foi o investigador Luís Galo? Os homens de ouro viriam a se tornar atualmente o Bope? A caveira seria uma pista? Direita ou esquerda? Como um bandido aparentemente inofensivo se tornou o inimigo número um da Guanabara? Qual a relação entre arte e política?

O artista Hélio Oiticica foi amigo de Cara de Cavalo, inclusive, imortalizando-o em sua obra. Qual era a relação entre Hélio e Cara? A perseguição de Cara de Cavalo acontece em meio ao recente golpe militar, em 1964. Hoje começam a se abrir os arquivos da ditadura. O que você pensa disso?

Corte.

CENA 6

Duelo de Galo e Cara de Cavalo.

GALO: Cavalo! Você roubou o bicho pela última vez. Vim te fazer comer capim pela raiz. Nada pessoal. Vamos encarar os fatos como a evolução natural da espécie. Melhor: vamos encarar como seleção de mercado. Você é um homem só. Produz pouco, produz só pra si. O mercado necessita de indivíduos bem treinados que compreendam sua exata função na cadeia comercial. O mercado respeita hierarquias. É a livre concorrência. Ninguém cresce sem partilhar riqueza. E o mais forte, bem, você já sabe! Cavalo, você é um amador. E o mercado quer eficiência. Fui designado para corrigir esta falha. [*aponta a arma*] A mão invisível não deixa pistas.

Cara de Cavalo arfa e repete incessantemente, sem articular bem, a palavra "felicidade".

Tiro. Música.

Corte.

Blecaute.

Volta entrevista.

ENTREVISTADORA: [*em off*] Colocaram o Exército atrás desse homem. Cara de Cavalo seria uma facção de um homem só? O que você acha da censura? O que te incomoda na arte hoje? Qual o papel da imprensa na cobertura do caso? Mangueira ou Esqueleto? O que você pensa do Esquadrão da Morte? Qual é o parangolé?

CENA 7

Lentamente, acende-se a luz. O corpo de Galo morto em um dos canteiros. Amado Ribeiro, ao telefone, com uma carta na mão.

AMADO: É bomba, Nunes! Não tem mais corococó: o Galo foi assassinado. Não, daí que eu recebi uma carta aqui na redação. Quem assina é o João Ninguém. Não, anônima, Nunes. Não, Nunes, anônima dos homens de ouro da polícia. Mas é claro que foram eles que escreveram, escuta só: "Adeus, Investigador Galo, você já não pode ler esta carta. Nós, policiais, compreendemos o seu silêncio que fala o que muitos não querem escutar." Aí eles nos atacam. Não, Nunes, escuta: "Esperamos que agora a imprensa fale a verdade: trabalhamos dia e noite, sem descanso, sem cobertura da televisão, sem demagogia." Nunes, é tocante pra burro! Tocante mesmo é o banho de sangue que essa cidade vai tomar. Olha só: "Reafirmamos nosso compromisso: serão dez por um." Compreendeu, Nunes? Para cada policial morto serão dez, dez bandidos mortos. Ah, quem aparecer pela frente é bandido! Isso é melhor que faroeste. Vou colocar um placar no alto da página marcando a pontuação das mortes de um lado e do outro. Não, só pra animar a população, vamos criar torcida. Sei... não, lembraram dos militares, sim, Nunes. Aqui: "Chega de reforma bancária, agrária, nacionalizações: reforma da justiça já e já." É a força pela força, Nunes. Então eles terminam: "Adeus, Investigador Galo. Assinado: João Ninguém." Muito bom. Leia-se homens de ouro da polícia. "Guanabara, 28 de agosto de 1964." E aí, posso dar o golpe? Não, isso está no papo. Sabe quem é que está na condução do caso? Exatamente, o famoso Cunha!

CENA 8

Sala do delegado Cunha.

CUNHA: Você?

AMADO: Eu.

CUNHA: Mais uma vez.

AMADO: Mais uma.

CUNHA: Retire-se.

Amado não sai.

AMADO: Com licença!

CUNHA: Não dou licença nenhuma! E ainda por cima neste momento. Neste momento de luto. Eu devia, escuta, eu devia... Bom!

AMADO: Pra que o rancor?

CUNHA: Eu não vou esquecer fácil da tua reportagem me acusando. Me acusando injustamente.

AMADO: Eu vim te fazer uma proposta.

CUNHA: Não negocio com mentiroso.

AMADO: Ô Cunha, sossega! O que é que há? São águas passadas. Quero te falar de um novo caso.

CUNHA: Você merecia um tiro na fuça.

AMADO: Acabou! Ou vai continuar sendo o delegado mais burro da Guanabara? Senta.

CUNHA: [*senta*] Eu te dou um tiro!

AMADO: Você não é de nada. Então dá. Dá! Cadê?

CUNHA: Fala.

AMADO: Eu vim aqui respeitosamente prestar solidariedade ao irreparável golpe que sofreu a corporação.

CUNHA: Não enrola. Qual é o parangolé?

AMADO: Eu soube que você está conduzindo a investigação da morte do Galo.

CUNHA: Você soube.

AMADO: Eu soube também que o Galo, este grande homem, policial honroso e implacável — que Deus o tenha! — morreu em circunstâncias inglórias.

CUNHA: Você acha.

AMADO: Cunha, eu não estou falando de um simples policial, estou falando de um mito! Você sabe. O aclamado Galo merecia uma morte mais, digamos assim, digna.

CUNHA: Você tem coragem!

AMADO: Dizem pelas ruas que o falecido perdeu o duelo com um bandido pé de chinelo. E que sua última missão não foi a mando da justiça ou de uma ordem policial: foi a mando do jogo do bicho! Que desonra!

CUNHA: Quem te disse?

AMADO: Cunha. Admite, Cunha. O tiro que matou Galo atingiu o amor-próprio da corporação.

CUNHA: Fora. Fora daqui!

AMADO: Espera! É justamente aí que eu entro na história.

CUNHA: Você?

AMADO: Eu. Vou salvar o nome do Galo e te tornar o herói desta lambança.

CUNHA: Como é?

AMADO: Como andam as investigações?

CUNHA: Vai ser fácil encontrar o vagabundo. As informações apontam para os lados do Esqueleto. Um merda como esse não vai oferecer muita resistência. Ele assinou a própria sentença. É um homem morto. Agora, chega.

AMADO: Calma. Calma lá! Por que a pressa?

CUNHA: Escuta. É uma questão de honra para a corporação. Vai sobrar fogo pra toda parte.

AMADO: Exatamente. Eu quero te propor um negócio. Vai ser bom pra mim e pra você.

CUNHA: Lá vem.

AMADO: Pensa, Cunha. Se você pegar o bandido rápido, não tem história. Logo se espalham as reais circunstâncias do crime. E aí? Um destino inglório pro investigador Galo e uma mancha irreparável na corporação.

CUNHA: Sei.

AMADO: Muita calma nesta caçada. Eu preciso de tempo para transformar esse bandido chinfrim no inimigo número um da cidade. Basta você puxar um pouco o freio na condução do caso.

CUNHA: Fala mais.

AMADO: Vou fazer uma série de reportagens sobre a caçada. Entrevista exclusiva com bandido. Isto não pode ser a perseguição de um bandido isolado. Isto é uma ofensiva nacional dos homens de ouro da polícia contra a criminalidade da Guanabara. Vou vender jornal pra dar com pau! E o resultado: o nome do Galo limpo e eternizado na história, você com a banca de herói, Cara de Cavalo com status de bandido perigoso e eu com uma bela reportagem. Então? Bom para todo mundo.

CUNHA: Seja sincero: há quanto tempo você não faz uma boa reportagem? Amado, você tá no fim da linha. Diz: qual foi a última bomba que você cobriu? *O beijo no asfalto?* Faz tempo!

AMADO: Você não é burro, Cunha. Este é um favor que faço para vocês. Uma ideia genial. Vamos sacudir esta cidade. Eu e você. Nós dois, mais uma vez. Você vai ver. Cara de Cavalo — o nome já ajuda! —, inimigo número um da Guanabara.

CUNHA: Eu já vi esse filme, Amado. Agora o caso é outro. É espinhoso. Não te prometo nada. Se a coisa feder, é cada um por si.

CENA 9

Porão da delegacia. Mangueirinha sentada.

MANGUEIRINHA: Eu fui ameaçada! Ameaçada! Eu tava no Esqueleto. Eles vieram na minha direção, puxaram meu cabelo, perguntei pra onde iam me levar e me deram uma pancada. Minha cabeça. Que lugar é este?

CUNHA: Você foi detida.

MANGUEIRINHA: Isso aqui não parece nada com uma delegacia.

CUNHA: Não parece, mas é. No meu gabinete está assim de repórteres, de fotógrafos, e não se pode trabalhar! Eu sou o delegado Cunha. Você se chama Maria Conceição dos Santos?

MANGUEIRINHA: Eu não fiz nada. Eu tô limpa.

CUNHA: Responde, você é Maria Conceição dos Santos, Mangueirinha?

Ela não responde.

CUNHA: O que é isso? Tá tremendo, bichinho. Eles te machucaram, senhorita? Mas este rostinho lindo ainda está inteiro. Quer fumar uma maconha, amorzinho? Pra relaxar! Ou quer uma massagem? [*puxa o cabelo* dela] Vamos parar com o teatro! Eu conheço o seu tipo. Você é puta do Cara de Cavalo, não é?

Ela não responde.

CUNHA: Vai ficar de cara amassada. Escuta, contra o seu chefe existem graves acusações: tráfico de drogas, lenocínio, assalto a mão armada, associação com o jogo do bicho e assassinato. Ele matou um policial. E você é cúmplice. Testemunhas afirmam que você estava ao seu lado no dia em que ele assaltou o bicho. Você confirma?

Cunha mostra o jornal.

CUNHA: A cara do otário estampada no jornal!

Mangueirinha está atônita.

CUNHA: Não sabe ler? Deixa que eu leio: "Cara de Cavalo, inimigo número um da Guanabara." O seu marido é um facínora. O Exército está atrás dele. Cara de Cavalo é um homem morto. E quanto a você, Mangueirinha, o seu sangue vai esguichar! Vai cooperar ou não? Fala!

Corte.

CENA 10

Amado Ribeiro aproxima-se de Marginal, que usa uma meia fina no rosto.

AMADO: Ó, amizade!

MARGINAL: O que você quer?

AMADO: Você deve me conhecer. Eu sou Amado Ribeiro, do jornal *Última Hora*.

MARGINAL: O senhor é que é o Nelson Rodrigues?

AMADO: Amado Ribeiro.

MARGINAL: O Nelson Rodrigues não trabalha no *Última Hora*?

AMADO: Escuta, eu quero falar com o Cara de Cavalo.

Marginal não diz nada.

AMADO: Vou fazer uma entrevista com ele. O seu amigo tá...

MARGINAL: Amigo, uma vírgula! Eu quero que o otário se exploda! O peidão não é de nada. Tem três putas sujas, meia dúzia de assaltos nas costas e mesmo assim só faz lambança! A polícia tá no cerco. E depois sobra pra quem? Me diz. Pra gente! Maconheiro pé de chinelo! Ele não merece entrevista, não, doutor. Pode perguntar no Esqueleto. Eu, que sou eu, sou muito pior do que ele. E olha que eu sou ninguém. Me entrevista!

AMADO: Vamos deixar para uma outra ocasião. [*oferece dinheiro*] Me leva até o Cara de Cavalo.

HOMEM: [*pega a nota*] Tem certeza? Quer entrevistar mesmo?

Corte.

Volta para Cunha e Mangueirinha. Ele aponta uma arma para ela.

CUNHA: Fala! Onde está Cara de Cavalo?

MANGUEIRINHA: Eu falo! Mas antes me deixa ouvir. O senhor fala bem. Fala grosso. Eu gosto. Não é todo homem que a gente obedece. Tem a mão grande. Sabe pegar numa mulher. Posso imaginar como é aqui embaixo. [*passa a mão em Cunha*]

CUNHA: Alto lá!

MANGUEIRINHA: Isso não é justo, doutor. Toda esta situação infeliz! Sabe como é que eu fico?

Mangueirinha passa a mão em Cunha.

MANGUEIRINHA: Desprotegida. Desequilibrada. O meu chefe, quer dizer, o meu ex-chefe era um bunda-mole. Não tinha pegada. Me passou a perna. E a gente vai encontrar aquele canalha e dar um pau nele. Pode confiar. Você é meu patrão. Agora sou cachorrinho da polícia. Meu faro é bom pra encontrar bandido. Eu também quero a cabeça dele.

CUNHA: Você quer o quê?

Ela pega no pau de Cunha.

MANGUEIRINHA: A cabeça! Eu tô com a sorte grande. Aliás, bem grande. Sou Mangueirinha. Sabe por quê?

Cunha não responde.

MANGUEIRINHA: Sabe por que me chamo Mangueirinha?

CUNHA: Por quê?

MANGUEIRINHA: Porque eu esguicho.

CUNHA: Esguicha?

MANGUEIRINHA: Esguicho quando gozo!

VÍDEO III

ENTREVISTADORA: E a arte, hoje?

ENTREVISTADO: Por um lado, a arte se tornou fetiche; uma mercadoria com bolsa de valores e especuladores. Por outro lado, existe uma estética do esgotamento, do tipo "não há mais nada pra dizer, tudo já foi feito". Uma expressão *blasé*, supostamente inteligente, em que o ato de admirar o próprio umbigo é o maior acontecimento.

ENTREVISTADORA: O que você acha da censura?

ENTREVISTADO: Sou totalmente a favor. O problema é que os censores escolhem as obras erradas para censurar. *A noviça rebelde*, por exemplo, deveria ser censurada.

CENA 11. ENTREVISTA – "Como atingir o coração das coisas"

ENTREVISTADO: É só isso?

ENTREVISTADORA: Desculpe?

ENTREVISTADO: Foi sua última pergunta?

ENTREVISTADORA: Já anoiteceu. Que horas são?

ENTREVISTADO: Seus cinquenta minutos acabaram.

ENTREVISTADORA: Eu só vi agora. Você tem uma arma aí.

ENTREVISTADO: Não é suficiente para você? O que falei.

ENTREVISTADORA: Vou te fazer a última pergunta.

ENTREVISTADO: Faça.

ENTREVISTADORA: Ela não está diretamente ligada ao que falamos até aqui.

ENTREVISTADO: Adiante.

ENTREVISTADORA: Vivemos o fim do mundo. Você acredita que um meteoro se aproxima da Terra?

ENTREVISTADO: Um meteoro.

ENTREVISTADORA: Isso.

ENTREVISTADO: Não estou entendendo.

ENTREVISTADORA: A bola de fogo incandescente.

Ele ri.

ENTREVISTADORA: Deixa pra lá!

ENTREVISTADO: A entrevista não te agradou.

ENTREVISTADORA: Não é isso.

ENTREVISTADO: Está decepcionada.

ENTREVISTADORA: Foi piada. Você riu.

ENTREVISTADO: Eu falei a verdade.

ENTREVISTADORA: Está tudo gravado.

ENTREVISTADO: Qualquer um pode se arrepender.

ENTREVISTADORA: Do passado.

ENTREVISTADO: Da entrevista. A verdade arde. Como tapa na cara.

ENTREVISTADORA: O jornalismo não se ocupa de verdades. Você sabe.

ENTREVISTADO: Você não deveria dizer isso pra mim.

ENTREVISTADORA: Desculpe.

ENTREVISTADO: Ao fim da entrevista.

ENTREVISTADORA: Quis dizer que não estou decepcionada.

Tempo.

ENTREVISTADO: Quando vai ao ar?

ENTREVISTADORA: Isso não é um julgamento.

ENTREVISTADO: Eu quero horário nobre.

ENTREVISTADORA: Acerto de contas com o passado.

ENTREVISTADO: Escuta, filha, se a verdade não é tão importante, o que te traz aqui?

ENTREVISTADORA: Ainda acredito no poder de uma boa história.

ENTREVISTADO: É bom acreditar.

ENTREVISTADORA: A história é sempre nossa. A verdade é minha ou sua.

ENTREVISTADO: Tá bom! Isso não é tudo, mas chegamos ao fim da entrevista.

ENTREVISTADORA: Sim, sim. Eu sei.

Ela arruma as coisas para ir embora. Desliga a câmera de vídeo.

ENTREVISTADORA: Então você se orgulha?

ENTREVISTADO: Da minha história? Ela está feita.

ENTREVISTADORA: O esforço de lembrar é um desejo para que possamos esquecer em paz. No futuro, talvez.

ENTREVISTADO: No futuro? Mas e a bola de fogo?! Tá tudo dominado!

Tempo.

ENTREVISTADO: Pessoas como você não gostam de pessoas como eu.

ENTREVISTADORA: Você disse isso.

ENTREVISTADO: Você se acha superior a mim.

Tempo.

ENTREVISTADO: Pessoas como você me acham bruto demais para a arte.

ENTREVISTADORA: Imagina.

ENTREVISTADO: Você acha que eu deveria te agradecer.

ENTREVISTADORA: [*procura na bolsa. Acha um papel. Procura agora outra coisa*] A minha sensação ao fim das entrevistas é sempre a mesma: que sei menos ainda do que quando comecei. Você assina aqui, por favor.

ENTREVISTADO: O que é isso?

ENTREVISTADORA: Direito de imagem.

Ela deixa a bolsa cair e seus pertences se espalham no chão.
Ele pega o papel e uma caneta.

ENTREVISTADO: Você é uma jornalista. [*ele assina e não entrega o papel*] Há quem se sinta ameaçado. Quem vê de fora pensa o contrário.

ENTREVISTADORA: [*no chão, arruma seus pertences na bolsa*] Chego em casa, aperto o play e repito, repito quantas vezes for preciso esta gravação. Por horas e dias, mais uma vez vejo, escuto, anoto. Mil vezes. Até que finalmente atinjo.

ENTREVISTADO: Foi um prazer recebê-la em minha casa.

ENTREVISTADORA: Finalmente atinjo o coração das coisas. A história está salva. [*entrega o pacote com dinheiro*] Você é casca-grossa, não é?

ENTREVISTADO: [*conta o dinheiro*] Me liga pra avisar quando vai ao ar.

ENTREVISTADORA: [*com o celular*] O sinal pega mal aqui.

ENTREVISTADO: Cabo Frio tem dessas coisas. Você vai bem sozinha? A praia está deserta.

ENTREVISTADORA: Eu me viro bem. Já incomodei demais.

ENTREVISTADO: Tem que se esforçar muito pra incomodar este desgarrado, João Ninguém, uma sombra.

ENTREVISTADORA: Tchau. Obrigada mais uma vez.

Ela, de saída, é interrompida.

ENTREVISTADO: Espera! E este estúdio?

Tempo.

ENTREVISTADO: Vocês vão desmontar?

ENTREVISTADORA: Eu tô tentando falar com a produção.

ENTREVISTADO: Tá no meio da minha sala.

ENTREVISTADORA: Não se preocupe.

ENTREVISTADO: Sim. Quando é que desmontam?

ENTREVISTADORA: Se você não se incomodar.

ENTREVISTADO: Incomoda.

ENTREVISTADORA: Com certeza até amanhã. Eles entram em contato.

ENTREVISTADO: Eu vou esperar.

ENTREVISTADORA: Desculpe a confusão. Obrigado, mais uma vez.

Luz pisca.

ENTREVISTADO: Isso é Cabo Frio. Vai com cuidado.

Ela sai.

Ele retira o dinheiro do envelope. Conta mais uma vez e coloca-o perto da arma. Serve-se de mais bebida. Bebe. Senta-se. Olha para a câmera. Sua imagem é projetada.

ENTREVISTADO: Mídia escrota!

CENA 12

Cara de Cavalo com um jornal na mão, diante de uma porta.

Ninguém responde.

CARA DE CAVALO: Abre. Sou eu. Eu sei que tem gente aí. Deixa eu entrar. Não reconhece minha voz? Merda! Eu só quero falar. Pegar umas roupas. Abre a porta, porra! Eu vou embora, mas antes me diz uma coisa: a senhora tem uma meia aí? Pode ser uma meia velha mesmo. Me passa a meia pela porta, tudo bem? Eu vou sumir por uns tempos, mãe. Abre a porta. Abre!

Cara de Cavalo afasta-se.

CARA DE CAVALO: [*lendo o jornal*] Bandido número um da Guanabara.

Entra Amado.

AMADO: Reconhece o rosto?

CARA DE CAVALO: [*aponta a arma*] Para trás!

AMADO: Calma. Eu tô sozinho.

CARA DE CAVALO: Para trás! Já disse. Tira o paletó. Deixa eu ver a camisa.

AMADO: Tô desarmado. Você deve me conhecer Eu sou jornalista, o Amado Ribeiro do *Última Hora*.

CARA DE CAVALO: [*com o jornal nas mãos*] O rato que espalhou mentiras sobre mim.

AMADO: Calma.

CARA DE CAVALO: Alguém te seguiu?

AMADO: Não.

CARA DE CAVALO: Diga lá, imprensa!

AMADO: Eu vim aqui na cara e na coragem pra te entrevistar.

CARA DE CAVALO: Corajoso. Cara a cara com um — como é mesmo que está escrito? — facínora capaz de cometer as piores atrocidades.

AMADO: Foi um mal-entendido. Eu sei que você é um homem bom. Eu vim aqui te ajudar. Esta entrevista é a oportunidade para você se defender de todas as acusações. Uma por uma! Cara de Cavalo precisa ter voz!

CARA DE CAVALO: Não enrola. Qual é o parangolé?

AMADO: Muito bem. Quanto você quer?

CARA DE CAVALO: Ô, imprensa! Eu sei ler.

AMADO: Cem.

CARA DE CAVALO: São páginas e mais páginas de mentiras.

AMADO: Duzentos.

CARA DE CAVALO: Eu me defendi.

AMADO: Trezentos.

CARA DE CAVALO: Se eu for calcular o que você me deve.

AMADO: Quinhentos.

CARA DE CAVALO: Você acha que me compra?

AMADO: Mil e não se fala mais nisso!

Tiros.

CARA DE CAVALO: É troca!

Cara de Cavalo rende Amado.

Delegado Cunha despenca morto em um canteiro.

Marginal entra correndo.

MARGINAL: [*para Cara de Cavalo*] Abaixa essa arma! Larga o doutor. Quero você fora do Esqueleto. Quero você fora da Guanabara. Quero minha paz de volta. Você tá furando os negócios. Fora! E leva contigo toda a polícia, otário.

AMADO: O que aconteceu?

MARGINAL: Acabaram de queimar um delegado na entrada do Esqueleto. [*para Cara de Cavalo*] Você está morto. É o segundo policial nas suas costas, Cavalo.

AMADO: O famoso Cunha está morto!

Cara de Cavalo corre.

CENA 13

Corpo morto do Delegado Cunha estendido em um canteiro. Mangueirinha canta.

MANGUEIRINHA: Não é que o meu coração é assim
Mas ele trabalha pra mim
Não é que a minha emoção não existe
Estou rindo e estou triste que você gosta de mim
Quando a coisa é foda
Me banho em leite de rosas
Para relaxar
Quando a coisa fede
Me pede que faço já

Cara de Cavalo entra.

CARA DE CAVALO: Você. O que tá fazendo aqui?

MANGUEIRINHA: Tá tudo virado. É polícia matando polícia. Me ajuda, por favor. [*agarra-o*] Eu não quero mais... esta vida! O que eu faço? Me diz!

CARA DE CAVALO: [*depois de um tempo*] Você ia me entregar.

MANGUEIRINHA: Me leva com você!

CARA DE CAVALO: Você é cachorrinho da polícia!

Mangueirinha em um canteiro. Cara de Cavalo avança na sua direção e retira uma meia fina de sua perna. Cara de Cavalo se afasta e coloca a meia no rosto.

CARA DE CAVALO: Vou sumir.

Música.

CENA 14

Manchetes de jornal da época são projetadas.

Em um canteiro, Amado escreve à máquina. Em outro canteiro, Cara de Cavalo, com a meia no rosto, arfa e corre em fuga. No último canteiro, Mangueirinha bebe, despe-se e gira.

Simultaneamente, o Locutor, que está entre os músicos, narra ao microfone sobre fundo musical.

LOCUTOR: Polícia mata polícia e abre crise dentro da corporação. O delegado Cunha foi morto ontem na favela do Esqueleto, dentro de uma birosca. O detetive Garboso confessou o crime. Ele encontrava-se no Esqueleto com o mesmo objetivo de sua vítima — prender Cara de Cavalo. Garboso matou-o após ter sido intimado a identificar-se como policial, tendo recebido um tapa nas mãos ao exibir sua carteira, desencadeando um duelo à bala. Garboso foi atingido no glúteo esquerdo e recupera-se no hospital do Méier. Balanço geral: cinco dias de caçada. Três bandidos mortos: Paraíba, Touro e Carrapeta. Um policial morto e um baleado, duzentas viaturas, 3 mil homens e cerca de 4 mil prisões. Placar da chacina. Polícia: três. Bandidos: um. Estaria Cara de

Cavalo morto? Acreditam os comandantes desta gigantesca caçada na possibilidade de o marginal ser fuzilado pelos próprios bandidos e ser levado sem identidade para o IML. General do comando superior declara guerra: um aparatoso cerco formou-se ontem em São Francisco Xavier, ao qual compareceu o próprio governador, no encalço de um marginal que se acreditava ser o Cara de Cavalo. Testemunhas afirmam que o marginal foi visto na Central do Brasil e está trajando calça cinza, blusão amarelo, sapatos pretos, cabelos recém-cortados e bigode raspado. Ele foi visto em uma padaria — tomou uma média e depois saiu. Um milhão por Cara de Cavalo! As centenas de alcaguetes espalhados pela polícia pelos quatro cantos da cidade asseguram que Cara de Cavalo está se disfarçando ora de mendigo, ora de operário ou de padre. Balanço geral: a guerra declarada ao bandido invisível já dura vinte e dois dias. Hoje, foram mortos os marginais Tourinho e Jorginho da Providência. Foram presos os bandidos Dagmar, Dadá e Rei dos Bodes, inimigos de Cara de Cavalo. Placar da chacina: Polícia: vinte e um. Bandidos: dez. Até o momento.

Cessa a música.

LOCUTOR: Há uma semana não há informação sobre o paradeiro do marginal. Não perca tempo: se você souber de pistas que levem a Cara de Cavalo, denuncie. A denúncia é um ato de cidadania.

CENA 15

Cara de Cavalo desmaiado em um canteiro, com meia no rosto. Entra Artista, que fuma em um narguilé.

ARTISTA: Tá vivo, baby?

CARA DE CAVALO: Só você pode me salvar!

ARTISTA: [*procurando entre panos e tecidos*] Vou inventar um disfarce pra você. O difícil é não chamar a atenção. Não me leve a mal, hoje não é carnaval.

CARA DE CAVALO: Você largou o emprego, Artista. Vai viver do quê? Do prazer? Te pergunto: isso é possível?

ARTISTA: Só o impossível me interessa.

CARA DE CAVALO: Cara de Cavalo é um homem morto. Não tenho futuro. Você tem medo do fim?

ARTISTA: Do mundo? O medo não tem fim.

CARA DE CAVALO: [*tira a meia do rosto*] Na minha foto no jornal eu sou o contrário do Tarcísio Meira. Como é que é o nome disso?

ARTISTA: [*ainda procurando*] Vou te ensinar um axioma básico na justiça: ninguém pode ser julgado pelo que é, mas pelo que faz.

CARA DE CAVALO: Por mim, eu não faria nada. Mar, brisa fresca, boa trepada!

ARTISTA: Eu tô falando sério, porra. Concentra. Já sei, eu tenho um plano: nós temos que reaprender a discutir o poder da revolta. Entendeu?

CARA DE CAVALO: Qual é o plano?

ARTISTA: Nós temos que reaprender a discutir o poder da revolta. Saca a crise do quadrado? Saca, né? A crise da arte contemporânea.

Cara de Cavalo ri.

ARTISTA: Segura esse riso, porra. O que que foi? Isto não é panfleto, não. Tô falando de Mondrian. Tô falando de Malevitch. É a crise do quadrado: qualquer um que acenda a revolta em si é subitamente enquadrado como louco ou bandido. Não tem espaço para a revolta, Cavalo. O mundo tá quadrado!

Artista acha um parangolé bordado com a frase "SÓUTRO".

ARTISTA: Quem se revolta não volta uma vez. Volta cem, volta mil! É a revolta na carne. Eu tenho um plano: eles te matam hoje e você não volta. Você revolta!

Artista veste Cara de Cavalo com parangolé.

ARTISTA: Se prepara para o sacrifício, baby. Se prepara! Você vai deixar de ser homem para se tornar uma força. Escuta o plano: a revolta começa desfigurando o seu rosto. Você se olha no espelho e vê um calombo estranho na testa ou na cabeça. Você não é mais você. Sacou?

CARA DE CAVALO: Eu sou Cara de Cavalo.

ARTISTA: Errado! Virar bicho já foi. Isso é passado. Tô falando do futuro. Você se olha no espelho e vê que tem uma coisa estranha em sua aparência. Você não é mais você. Você é um meteoro. A bola de fogo incandescente. É o poder da revolta! Explodir as arestas. Atravessar o quadrado do espaço-tempo: outras galáxias! A bola de fogo não volta uma vez. Volta cem, volta mil, volta quantas vezes for necessário até o fim do mundo, baby! Pra colocar fogo no rabo da Guanabara!

Cara de Cavalo, em meio aos panos e tecidos, acha uma máscara com uma prótese que deforma seu rosto.

CARA DE CAVALO: [*com a máscara no rosto*] Sou eu Bola de Fogo. E o calor tá de matar. Vai ser em Cabo Frio que uma moda eu vou lançar.

ARTISTA: Vai se enquadrar no meio?

CARA DE CAVALO: Não, não. Vou revoltar.

ARTISTA: Vai se enquadrar no meio?

CARA DE CAVALO: Não, não. Vou revoltar.

VÍDEO IV

ENTREVISTADORA: Qual a relação entre Hélio Oiticica e Cara de Cavalo?

ENTREVISTADO: A relação entre Cara de Cavalo e Hélio Oiticica é interessante para se pensar o problema atual da violência. Nesse caso, ninguém é refém da violência. Quando ele cria a obra em homenagem ao Cara de Cavalo, ou quando ele cunha a famosa frase "Seja marginal, seja herói", há uma tomada de posição. Ele poderia se render ao "bandido bom é bandido morto", mas não. "Seja marginal, seja herói" é um chamado para um momento ético.

CENA 16. ENTREVISTA — "Em OFF"

Escuridão.

O Entrevistado, de cueca, fuma um baseado e escuta em um rádio a canção"Ri", de Maysa. A entrevistadora entra em cena, dá alguns passos e tropeça em um canteiro.

ENTREVISTADORA: Merda!

Ele aponta a arma.

ENTREVISTADO: Quem tá aí? Quem tá aí, porra?!

ENTREVISTADORA: [*de cara no chão*] Calma! Calma! Sou eu.

ENTREVISTADO: Cala a boca, porra!

Tempo. Ele a reconhece.

ENTREVISTADO: Que susto. Achei que fosse um bandido.

Ele coloca a arma ao lado da bebida. Serve-se.

ENTREVISTADORA: Esqueci a autorização do direito de imagem. Tentei te ligar, mas o celular não funciona.

ENTREVISTADO: Você me assustou.

ENTREVISTADORA: Está tarde. Você está com a autorização?

ENTREVISTADO: O papel? Senta um pouco e bebe comigo.

Ela hesita, mas se senta. Ele lhe serve uma bebida.

ENTREVISTADO: Toda essa história, você sabe, da entrevista. Mexeu comigo.

Ela bebe.

ENTREVISTADO: Com você é diferente. Tem futuro. Profissão. Filhos, quem sabe? Você faz tudo pela carreira, não é? Até mesmo vir à casa de um homem estranho, com pensamentos pouco ortodoxos e um passado nas costas. Que coragem a sua! Eu sou um homem só. Tento manter o tempo parado. Exatamente assim como está aqui e agora. O eterno presente. Amo o silêncio. Não ter com quem falar, a não ser com meu próprio pensamento. Dia após dia. Pingando. Pingando. Sozinho, em silêncio, o dia a dia se torna perigoso e a realidade mais próxima de um sonho acordado.

ENTREVISTADORA: Posso imaginar. Está tarde. Ainda tenho que pegar a estrada. Você pode me dar o direito de imagem?

ENTREVISTADO: Frequentei o Buraco Quente. Tomava conhaque no lendário boteco "Só Para Quem Pode". Entendeu? Só para quem pode, e quem não pode: circulando, circulando, circulando. [*ri*] Pelas quebradas. No zigue-zague. Tiro seco e saraivada! Pá! Pá! Pá! A cena é a seguinte: seu Nélio! O velhinho cafungava tanto pó, tanto pó a vida toda, que à beira da morte, já na cama sem poder se mexer, fez seu último pedido à filha mais velha: "Mais pó!" Então a filha, contrariada, pega uma canetinha bic e lança cocaína no nariz do velho. Ele morre feliz: sorrindo. Trincando os dentes. [*ri*] Tô falando mais que na entrevista. Incomodo?

ENTREVISTADORA: Não.

Ela vai em direção à bebida para se servir. A arma do Entrevistado está ao lado da garrafa. Ele, desconfiado, a impede e pega a arma. Ela indica que só queria um pouco mais de bebida. Ele inquieta-se.

ENTREVISTADO: [*com a arma*] Você já encarou um sujeito mau? Um sujeito que comeria viva a própria filha? Imagino que não. Você pergunta: por que ele a comeria viva? Eu te respondo: Não tem por quê! Ninguém explica a crueldade humana. O que nos separa dos piores atos? A moral? O bem do próximo? Não. Basta um sopro que invade o corpo, traz a tempestade e faz a alma dançar.

A arma nas mãos dele dispara em direção ao chão.

Ela grita.

ENTREVISTADORA: Está ficando tarde. Tenho que ir.

Luz pisca.

ENTREVISTADO: É Cabo Frio. Cabo Frio!

Corte.

CENA 17

Luz pisca.

Telefone toca.

AMADO: [*ao telefone*] Notícias do paradeiro! Onde ele está? Estrada dos Búzios, Cabo Frio. Estou indo praí. [*desliga*] Acabou pra você, Cara de Cavalo.

Policial na penumbra com máscara "ninja".

POLICIAL: Cavalo! Não tem saída. Você perdeu. Não adianta correr. É o ar! A culpa é do ar, otário! Você respira alto demais.

Cara de Cavalo escondido. Em seu rosto, uma nova máscara com próteses que sugerem literalmente uma cara de cavalo.

Cara de Cavalo arfa e pronuncia de modo pouco articulado a palavra "felicidade".

Luz pisca.

CENA 18. ENTREVISTA – "Ao vivo"

Continuação. Entrevistado e Entrevistadora:

ENTREVISTADO: No duelo: é matar ou morrer. O coração dispara, as veias dilatam e a gente se sente verdadeiramente vivo. É arte! É disso que estou falando. O ator entra em cena e diante da plateia sente-se mais potente, os sentidos aguçados, pau duro. Eu não glamourizo o crime. Eu não glamourizo a arte! Mas há em todo crime uma busca desesperada pela felicidade. Assim como na arte. Pulsando: felicidade. Felicidade. Felicidade. Palavrinha mais clichê essa!

ENTREVISTADORA: Você está sendo inconveniente. Você pode me dar a autorização de imagem, por favor?

ENTREVISTADO: Pois estou só começando! Senta aí ou não te dou autorização porra nenhuma.

ENTREVISTADORA: Você combinou com a produção! Eu te dei o dinheiro, e não foi pouco.

ENTREVISTADO: Eu só falo com a câmera desligada. Porque a vida só acontece em off.

Ela tenta se levantar e ir embora. Ele a impede com a arma.

ENTREVISTADO: Senta aí, porra! Você vai se sentar e ouvir em silêncio o que eu tenho pra dizer.

Ela se senta. Ele tira fora o "pente" da sua arma.

ENTREVISTADO: [*colocando a arma, sem balas, na mão dela*] Segura.

Ela resiste.

ENTREVISTADO: Segura, porra. Sente!

Ela pega a arma.

ENTREVISTADO: Eu matei pessoas, filha. O último foi Cara de Cavalo. Não foram muitos. Eu logo pulei fora dos homens de ouro. Eu observava na hora do justiçamento que meus companheiros, ao apertarem o gatilho, sentiam uma descarga percorrer o corpo. Sadismo. Catarse. Comigo era diferente. Apertar o gatilho era um gozo estético. Assassinar era uma obra de arte. Tirar a vida de alguém era trazer a jogo o vácuo da morte. Naquele breve clique tangia um mistério. Total! E a desesperada felicidade ressurgia. Felicidade! Felicidade!

ENTREVISTADORA: [*ainda com a arma*] Eu sou contra a violência.

ENTREVISTADO: Eu também. Por mais que eu crie, por mais que eu pense, o mundo é uma máquina de matar. Não se trata de violência: é arte!

Tiros.

ENTREVISTADO: É troca. É troca. Abaixa.

Fusão dos planos narrativos. Silêncio.

Cara de Cavalo invade a cena solenemente.

Cara de Cavalo, que veste o parangolé, tem o rosto coberto por uma cara de cavalo e empunha uma arma. Cara de Cavalo tornou-se uma alegoria. Cara de Cavalo rende o casal. O Entrevistado, que está desarmado, deita-se no chão de bruços. Cara de Cavalo senta-se em frente à câmera e arfa como um animal em fuga. Projeção da imagem de Cara de Cavalo, ao vivo. Policiais, com rostos cobertos por máscaras "ninja", avançam lentamente na cena. Entra a música "Ri", de Maysa, acompanhada ao vivo pelos músicos.

ENTREVISTADORA: Você está ao vivo, Cara de Cavalo. Fala! Fala!

Diante da câmera, Cara de Cavalo arfa violentamente.

Policiais apontam suas armas para Cara de Cavalo.

Cara de Cavalo apenas arfa.

FIM

© Editora de Livros Cobogó

Editores
Isabel Diegues
Barbara Duvivier

Assistente Editorial
Mariah Schwartz

Coordenação Editorial
Julia Barbosa

Coordenação de Produção
Melina Bial

Revisão
Eduardo Carneiro

Capa
Radiográfico

Marca Cara de Cavalo
Marina Kosovski

Projeto Gráfico e Diagramação
Mari Taboada

CIP-BRASIL. CATALOGAÇÃO-NA-FONTE
SINDICATO NACIONAL DOS EDITORES DE LIVROS, RJ

      Kosovski, Pedro, 1983-
K88c   Cara de cavalo / Pedro Kosovski.- 1. ed.- Rio de Janeiro : Cobogó,
     2015.

                                    72 p. : il. ; 19 cm.

     ISBN 9788560965762
     1. Teatro brasileiro. I. Título.

15-23472   CDD: 869.92
                                             CDU: 821.134.3(81)-2

Nesta edição, foi respeitado o Acordo Ortográfico da Língua Portuguesa
de 1990, que entrou em vigor no Brasil em 2009.

Todos os direitos em língua portuguesa reservados à
Editora de Livros Cobogó Ltda.
Rua Jardim Botânico, 635/406
Rio de Janeiro-RJ-22470-050
www.cobogo.com.br

Outros títulos desta coleção:

NINGUÉM FALOU QUE SERIA FÁCIL
Felipe Rocha

TRABALHOS DE AMORES QUASE PERDIDOS
Pedro Brício

NEM UM DIA SE PASSA SEM NOTÍCIAS SUAS
Daniela Pereira de Carvalho

OS ESTONIANOS
Julia Spadaccini

PONTO DE FUGA
Rodrigo Nogueira

POR ELISE
Grace Passô

MARCHA PARA ZENTURO
Grace Passô

AMORES SURDOS
Grace Passô

CONGRESSO INTERNACIONAL DO MEDO
Grace Passô

IN ON IT | A PRIMEIRA VISTA
Daniel MacIvor

INCÊNDIOS
Wajdi Mouawad

CINE MONTRO
Daniel MacIvor

CONSELHO DE CLASSE
Jô Bilac

2015

1ª impressão

Este livro foi composto em Univers.
Impresso pela Mark Press
sobre papel Pólen Bold 70g/m².